T0062210

Este libro es dedicado a las niñas negras
de barrios cimarrones y obreros.

Al ritmo de Petra

© Texto 2022, Ana Castillo Muñoz

© Ilustraciones 2022, Yamel Figueroa Sotomayor

© De esta edición: 2022 Editorial Destellos LLC

Asesoría editorial y edición de texto

Enery López Navarrete

Laura Rexach Olivencia

Diseño y diagramación

Víctor Maldonado Dávila

ISBN: 978-1-73-727574-9

Ninguna parte de este libro puede ser reproducida
por ningún medio sin autorización previa por
escrito de los editores.

Impreso en China.

www.editorialdestellos.com

al ritmo de
PETRA

Por Ana
Castillo Muñoz

Ilustrado por
Yamel
Figueroa
Sotomayor

EDITORIAL
DESTELLOS

En una pequeña casa de madera cerca de una estación de tren en Santurce, Puerto Rico, nació una niña llamada Petra.

Petra era una niña alegre e intrépida que le gustaba bailar y cantar.

Junto a nueve hermanos y hermanas, Petra creció entre la música de tambores.

A sus cinco años de edad, Petra y su familia fueron desplazados de la casa donde vivían y se mudaron a un barrio llamado Villa Palmeras, donde sus talentos florecieron.

Su papá fue un maestro
pionero de la bomba
puertorriqueña,
y su mamá una
gran bailadora
de este ritmo.

Durante su niñez, Petra aprendió la historia y los diversos ritmos de la bomba y la plena. A ella, la música le corría por sus venas.

Cuando su papá tocaba el barril de bomba, Petra se sentaba a su lado coreando las canciones y moviendo su falda como le había enseñado su mamá.

En una ocasión, su familia la llevó a presenciar a un hombre recitar un poema. Petra quedó maravillada.

Desde aquel momento, Petra comenzó a memorizar y declamar poemas afrocaribeños.

Cuando Petra creció, su papá se dio cuenta de su gran habilidad para los boleros, la poesía y la coreografía.

Entonces, Petra se convirtió en la coreógrafa del grupo folclórico Hermanos Cepeda.

En cada danza negra Petra recordaba a sus ancestros y ancestras.

Para ella, mantener viva la historia de su familia era muy importante.

Tanto así, que gracias a una tía, Petra desarrolló también un gran talento por la costura. Confeccionaba trajes y faldas...

y le encantaba ver los lazos de las enaguas siempre bien planchados.

Cuando llegó a su adultez

Petra continuó poniendo en práctica todas las grandes lecciones que aprendió junto a su familia y logró tener su propio conjunto musical llamado Señora Plena. Cada vez que se presentaba en un lugar, todo se llenaba de alegría.

Petra fue declamadora, costurera, bolerista, artesana, bailadora, tocadora, cantadora y defensora de la cultura puertorriqueña y la herencia africana.

Luchó para que la música autóctona afrocaribeña no se perdiera. Mantuvo el legado de su familia hasta el último día de su vida. Muchas de sus coreografías se continúan utilizando para enseñar el baile de la bomba puertorriqueña.